I0439340

Stu Lang
Photography ©

Stu Lang
Photography ©

Stu Lang
Photography ©

Stu Lang
Photography ©

Stu Lang
Photography ©

Stu Lang
Photography ©

Stu Lang
Photography ©

Stu Lang
Photography ©

Stu Lang
Photography ©

Stu Lang
Photography ©

Stu Lang
Photography ©

Stu Lang
Photography ©

Stu Lang
Photography ©

Stu Lang
Photography ©

Stu Lang
Photography ©

Stu Lang
Photography ©

Stu Lang
Photography ©

Stu Lang
Photography ©

Stu Lang
Photography ©

Stu Lang
Photography ©

Stu Lang
Photography ©

www.ingramcontent.com/pod-product-compliance
Lightning Source LLC
Chambersburg PA
CBHW081125280526
45787CB00007B/2986
9781533470782